만인시인선·54

소수언어박물관

조금숙 시집

소수언어박물관

만인사

자서

시에 이르기 위해 오랜 시간 동안 푸른 언어의 감옥에 갇혀 몸부림쳤다. 나만이 가진 언어의 색깔을 한 웅큼이라도 건져내기 위해 하염없이 어둠의 바다에 빠져 있었다. 울음의 흔적이 곳곳에 베어 있다.

밤을 앓으며 무진장 슬펐다가 외로웠다가 쪼그라든 언어를 건져내어 세상에 내어놓는다. 이제 바람 부는 길을 새롭게 걸어가려 한다.

차 례

2

3

차 례

4

차 례

1

하현

어둠이 독을 품어 닳아버린 귀퉁이

여직 떨쳐내지 못한 생이 비루해

손가락 마디만큼만 다시 깁는 이력

개비리 1

영혼을 위무하는
마법같은
통로다

절벽으로 바위로 대숲으로 이끄는

바람의
거친 숨으로
마냥 빨아들였던

생명이 뿌리내린
흔적은
쉼이 없다

닿지 못한 길을 따라 민달팽이 이어가는

지층이
열리는 사이
푸른 핏줄 터진다

개비리 2

마지막 아지리 너를 보며 눈물 훔친다
끝없는 벼랑으로 맞서는 날선 공방에
낙동강 지친 몸으로 속살을 풀어내는

병풍 두른 암벽이 길을 낸 원시림과
너럭바위 공룡 발자국 가늠하려 하지 않는
대숲에 가려진 경계 자취가 아득하다

강 건너의 삶과 강에 누인 숲의 깊이
메마른 계절이 오면 오롯이 투영될까
또 다시 떠나는 먼 길 부처손이 눈 뜬다

황점리 시편

멀구나, 끊어진 길 돌아가는 여름 멀구나
미친 비질처럼 태풍이 휩쓸고 간
종택의 늙은 살구나무 소리없는 저 뒤척임

외마디 저항도 없이 들과 내가 뒤바뀌고
달포째 나뒹구는 마을회관 녹슨 확성기
山穴을 앗아간 자국 뒤척이다 잠이 들었다

고통의 깊이만큼 자라다 만 조이삭들
뻘밭 가득 목 내밀고 작별을 준비할 때
무너진 철교 너머로 흙비 또 흩뿌린다

세 평 남짓 컨테이너에 귀뚜라미와 함께 누워
찢겨진 살점 붙들고 뼛속마저 비우는 시간
간간이 들리는 말소리 가랑잎처럼 아프다

개터

계곡은 2부 능선 넘어 휘돌아 가는데

삼단 다랑이논엔 짙은 초록이 직립하고

길과 길 놓친 반사경엔 여름이 잘록거린다

희뿌연 새벽 는개 탈탈탈 소리를 끌며

오르막길 내달리고 경운기 뒤따른다

송아지 핏발 선 울음 어르신 한숨을 섞고

그 옛날 하늘에서 쫓겨 나와 터를 잡았다는

산으로 둘러 싸여 더 이상 갇힐 수도 없는

끝내는 되돌아가야 할 전설 끊임없는 물음표

아버지의 빈 수레

한 집안의 기둥이던 열살박이 늙은 수레
적막마저 감도는 서문시장 동문을 지켜
오늘도 두 번 왕복에 덤을 합쳐 일만 이천원

태양 아래 던진 목숨 타는 줄도 모르고
막걸리로 갈증 풀어 턱에 차는 늦은 저녁
노동을 접고 돌아오는 길 등불이 따뜻했다

잡힐듯한 세상사 거꾸로만 돌아가도
오로지 한길로만 줄 긋던 수레, 너는
멈춰선 세월에 기대어 녹슨 심장을 닦는다

된장

부엉이가 울다 그친 조선의 뒤안길을
뭉개져서 얻은 목숨 굵은 콩 서말 닷 되
천지가 뒤바뀐다고 소리 높여 울었다

장독대 맨드라미 피었다 지는 사이
그 뇌성 그 벽력도 함께 거둬 지는 사이
무인도 뱃길을 잇는 아름다운 저 발효

슬픔도 결이 삭으면 이슬 같다 하였던가
장맛에도 혼이 스며야 삼신할미 붙어사는 법
뚝배기 끓는 속으로 고향길이 보인다

여름비의 발바닥은 푸르다

노을빛이 서러운 풀빛 가득한 유월이다
촘촘히 펼쳐져 있는 초록 융단 우포늪
자라풀, 생이가래 덩달아 들떠 단장이다

청개구리 울음에도 사연은 담겨있어
왕버들 그림자 뒤로 너울너울 속삭이고
여백에 들지못한 백로 물기 털며 맴도는

점점 증발해 가는 물의 지층 사이로
지쳐있던 가시연 자라처럼 목내밀 때
여름비, 발바닥 저리 물풀처럼 푸르다

여름날의 우화

쩌렁쩌렁 하늘이 세찬 빗방울 뿌려
고즈넉한 시간을 퉁퉁퉁 깨우고 있다
소식을 물고온 제비 처마 끝에서 깃을 털고

하세월을 살아낸 먹감같은 주인공이
사는 게 연극이라며 청량한 웃음 날리고
살포시 붉어지는 저녁 눈꺼풀을 당긴다

선유실리

미처 닦지 못한 길 위에 갇혀 있다
나무숲을 뒤흔들며 시간을 비워내던
바람은
비경을 물고
줄행랑을 치는데

제가끔 드나드는 산판트럭 확성기 소리
텅 빈 마당 지나 오래된 흙벽 두들기다
이끼 낀
우물에 걸려
마침내 오후가 된다

늦가을에

사그락 산억새가 제 몸을 낮추는 시간
백발의 한 노인이 지그시 눈 감은 채
발 저린 노을을 지고 고향 마을 들어선다

살아 이미 짐이 되는 그 나이에 이르러서
함께 해온 이름들을 제자리에 돌려주고
선산을 향하는 발걸음, 흡사 걷는 나무 같다

침묵이 긴 늪에서 가까스로 빠져나와
마지막 잔 올리며 깊어지는 생각 너머
먹물빛 회환을 걷고 겨울이 오고 있다

그 겨울, 추운

그 겨울 껴입을수록 드센 바람 일렁였던
다섯 번의 여름에도 여전히 춥디추운
육십 년 버텨온 한기, 나를 놓쳐버렸다

개다리소반엔 거미줄 집 삼아 떠있고
주위를 떠도는 냄새마저 바싹 말라
먼지에 삭아 버린 몸, 온기가 그리운

다다닥 붙어있어 인기척이 묻어나도
쉴 새 없는 발걸음 쪽방 앞을 들며나도
아무도 알아보지 않는다, 사위가 어둡다

사랑, 참 멀다

견딜 수 있는 사랑은 차라리 아름답다
보석같은 잔을 두고 미치도록 그리워
광기에 젖은 소나타, 생이 바스러지는

결핍의 터널에서 헤매다 갇혀버린
푸른 영혼 꿈꾸던 처연한 몸부림이
액자 속 눈동자인양 공허한 메아리되고

죽어서도 보내지 못한 사랑은 애절하다
저승길 함께 나선 차가운 그 입맞춤
영원에 가닿는 시간 멀고 멀다, 참 멀다

섣달

벼리고 벼리어서
칼끝보다 날카로운

별보다 아스라이 가난처럼 혹독한

그믐치
내려 쌓이는
마지막 하루

2

코펜하겐 동물원

팽팽히 당겨오는 시선을 느낄 즈음
쓰러지는 기린은 알 수 없는 눈빛이다
개체로 설명될 수 없는 파문을 짐작할뿐

기린이 던져진 자리 가죽만이 선명하고
가벼워진 목숨과 냉혹한 광기들에
장단을 맞춰 춤추는 유린당한 먹이그물

소수언어박물관

유네스코 조사에 따르면 현재 지구상에는 약 6000개의 언어가 사용되고 있으며, 이 중 50% 이상이 멸종 위기에 있다. 6000개 언어 중 96%는 전 세계 인구의 4%가 사용하는 소수언어이며, 90%는 인터넷에서 사용되지 않는 언어다. 또 아프리카 언어의 80%는 문자가 없다. 지금도 2주마다 평균 1개의 언어가 사라지고 있다. 지난 200년간 호주에서는 250개의 토착어가, 미국 캘리포니아에서는 100여 종의 언어가 사라졌다고 밝히고 있다.

1992년에는 우비크어도 사어의 대열에 끼게 되었고, 2010년에는 보(BO)언어를 말할 줄 아는 보아가 사망하면서 보어도 지구상에서 사라졌다.

사라질지도 모를 잊혀질지도 모를
끄트머리 한 귀퉁이 떼어내도 모를
자그만 부족에게도 언어가 허락되었다

구름처럼 가볍고 바람처럼 분방한
시시때때로 소멸되는 말들의 영혼
마지막 노래를 위해 길을 따라 나선다

안다만 제도에서 감고 감아온 보어
호흡하듯 나지막이 되뇌이다 읊조리는
곧 잠길 육만 오천년 전 생애가 눈물이다

붉은 십자가

필생의 업이라 하고 꿈이라 읽히는

마지막 소원처럼
기도하듯 간절하게

강렬한
선과 색으로
깊은 숨결 불어넣는

신비로운 칸타타 어둠 속에 흘러들어

이미지 터치하듯
고요한 농담에

끝없이
부르던 이름
낙관처럼 찍힌다

에리두

모든 땅이 바다였을 신들도 숨죽였을
엔키의 콧바람은 유프라테스 자아 올려
달콤한 잠에 빠진 수메르, 눈을 틔웠다

신들이 만든 호르무츠 계곡 에덴은 펼쳐지고
우주에 띄운 신화 별들로 채워지는
문명이 흐르는 시원, 도시로 태어났다

태양의 높이만큼 뻗어 있던 사원도
아브라함도 익히 들은 거대한 바벨탑도
폐허된 흙무더기 위 길가메시로 서 있다

오래된 벽화

초록이 짙은 에덴은 바람이 무성하다
빛을 품고 살던 사람 붉은 열매 탐하고
태고적 신비로움은 덧칠되고 있었다

기괴한 울음으로도 막지 못한 깊은 수렁,
반얀 그늘 비추는 여신마저 삼켜버리고
음울한 대지의 기운 눈마저 멀게 하였다

말라르메가 일깨워준 칡넝쿨 같은 인생
심장을 녹이는 고통 1그램의 비소를 넣어
오래된 화면 지우듯 기억을 지워버렸다

스핑크스가 묻고 묻던 영원으로 가는 길은
창세기를 다루던 天刑에서 벗어나
오묘한 색으로 빚은 벽화로 살아나는 것

어둡고 그리운 날에 출렁이는 열정으로
하나 둘, 심장의 정령 붉게 새겨넣었다
끝 모를 환희와 절망 색채로 피어났다

나비의 꿈

동베를린 하늘 아래 족쇄 차고 누운 채
찢겨진 나래를 펴고 퍼덕여도 보던 날은
조국의 풀빛 그리며 눈물마저 감추었다

잘린 허리 분쟁의 씨앗 한가슴에 끌어안고
빛나는 두 눈 밝혀 오선지에 담은 염원
예술혼 그 떨림으로 마디마디 엮었다

상처의 시간 너머 배반으로 각인된
서러웠던 옛일들은 까맣게 잊자했더니
어쩌면 타협과 회유, 아름다운 덫이었나

목탁소리 반주 삼아 낯선 조곡 울려퍼질 때
기어이 꿈에 그리던 통영으로 돌아와서
선영에 무릎을 꿇은 흰나비, 나비 한 마리

크레타의 미궁

사람 먹는 괴물 미노타우로스 울고 있다
바람으로 태어난 원죄의 업을 지고
오늘도 거칠은 포효 크레타섬 뒤흔든다

사람 몸에 황소 머리 가슴엔 온통 열꽃
순수와 열정의 피로 운명을 다스리고
떠오는 태양을 보며 다시 한 번 곧추선다

조공으로 시작된 끝없는 희생의 길
제물의식 멈추고자 적진 향한 테세우스
단도와 실꾸러미로 어두움 뚫고 간다

늠연한 기상으로 천지간을 뒤흔들어
허를 찌르니 붉은 불덩이 솟구친다
마침내, 주인을 잃은 혼란스런 라비린토스

살람보의 눈

굴러온다 군중 사이로 격류에 휩쓸리듯이
불온한 이승 한자락 부르르 떨며 그가 온다
오래된 기억 이끌고 끝모를 절벽으로

아직 그대 적막한 마음 닿지 않았어도
가슴 저미는 고요 검은 눈 출렁거린다
얼룩진 삶의 간극에서 우주는 말이 없다

견결한 슬픔

술탄의 칙령으로 둥둥 길을 떠난다
신성한 봄바람이 건듯건듯 불어와
서서히 젖어든 그늘 긴장감으로 물들이는

먼지 이는 구릉엔 소문 먼저 당도하고
검붉어진 얼굴 발가벗은 영혼으로
올가미 덧씌워진 눈동자 한없이 흔들릴 때

이승을 건너가는 가늘고 긴 떨림이
견결한 슬픔으로 적막속에 드리운
천형을 몰고온 숙명 깊숙이 와 박힌다

잔잔하던 허공에 낱낱이 흩어 버린
영원같은 찰나의 늪 심연에 잠기고
신에게 무릎 꿇은 자 비린연대기 지운다

天葬

파란 하늘 차고 올라 유유히 날개짓하다
제단을 둘러싸고 모여드는 독수리떼
도마 위 번쩍이는 칼 매섭게 노려본다

탑돌이로 시신을 위무하던 천장사
얇게 저미고 저미며 짧은 생 읽어내고
가루로 빻아진 사이 영혼은 일어난다

벌판에 드는 바람 무시로 맞아가며
한 그릇 죽을 위해 야크와 씨름하다
신에게 오체투지로 하루를 봉송하던

날것들의 삶을 위해 제 몸 다 내어주고
한 없이 낮은 곳으로 돌아가는 사람들
마침내 영겁의 세월 거슬러 오른다

발인

밤새 너덜해진 울음소리 이끌고

요령을 따라가던 슬픔의 행렬이

조락한 생을 받들어 무상에 드는 동행

3

잘가요!

테이저건 날아와도 피할 수 없었어요
어둠 속에 매달려 비명소리 못내고
스물셋 꽃숭어리들 영정되어 돌아왔어요

무거운 죄책감에 고개 떨군 사람들
애써 눈물 훔쳐내고 광장에 모였어요
쓸어낼 가슴은 무너져 하얗게 타버렸어요

바람의 흔적은 쉬이 떠날질 못해
서글픈 위로 담아 향을 피워 올려요
이제는 폐허같은 외로움, 내려놓아요 잘가요!

검은 바다

오늘도 태양은 검고 검은 빛이었다
바다가 전부였던 만선의 시간들이
갈매빛 아픔으로 와 굽이굽이 출렁인다

흔들리던 수평선은 좌표조차 희미해져
드리워진 기름띠를 하나 둘 걷어 내도
어둠에 잠겨버린 길 긴 해미만 토해내고

먹장같은 바위 상처를 씻어내다
컵라면에 속 데우고 돌아서는 발걸음에
칼바람, 휘몰아치는 고통 서서히 풀어지는

실어증에 걸려 있던 꽃게잡이 어선 한 척
저당 잡힌 굴양식장 신음소리 들었는지
물살 속 시간을 지펴 삽시도로 닻 올린다

다시 일어나서

붉은 노을 보면서도 먹먹하지 않았던
한순간 꿈이라면 피하고도 싶었던
철옹성 쌓던 그날에 음모는 시작되고

물음표로 지나가던 모든 일이 스냅처럼
비밀한 문장들로 가득 차 떠다니고
두려운 세상이 올까 애써 눈물 감추는

공감으로 시작된 연대의 물결들이
다시 타오르는 촛불로 일어나서
어두운 그림자 너머 환히 밝힌다

세 개의 풍경

1
이른 아침 터미널 안 차편을 놓쳐버린

닿을 듯 멀어지는
뒷모습의 모자지간

주눅든
생애 끌고 와 가려는 길
고행이다

2
빌딩 앞 오체투지로 와불처럼 손 내민

걸인의 굽은 등 위로
흰눈이 소복하다

바람과
한통속인 온정은 돌아올줄
모르고

3

점화로 손등에 터치하다 꾹 눌러주면

꿈꾸듯 환한 얼굴로
아내를 읽는다

촉각을
앞세운 사랑 솜사탕처럼
부푼다

지슬[*]

검은 동굴 막 빠져나온 저승새의 울음에서[**]
다급한 총성이 울려 퍼지던 들판까지
비릿한 바람의 출처에 수군대는 사람들

  완장 차고 행세하는
  먼 친척뻘 아저씨가
  지옥에서 따라붙은
  사자와도 같아서

  하루를 건너가는 길 문턱을 넘는 일이다

부역 아닌 부역으로 토벌대에 내몰리다
쫓기듯 앉아 있는 공포스런 눈빛들
제문을 타고 오르는 연기되어 사라진다

---

* 4.3사건을 다룬 영화
** 박홍점의 「말들의 출처」에서

국수

펄펄 끓어 넘친다 양푼 위의 국숫발
한 가락 튕기며 입속으로 말아 넣고
빛바랜 인화지처럼 그녀를 떠올린다

아버지의 손에 이끌려 살러 온 첫날
무뜬금 부엌에 들어 반죽을 했는지
괜시리 투정을 부린 지난날이 서러웠는지

숟가락으로 똑똑 끊어 정을 떼어 내려 했던
한 그릇의 온기로도 마음 열지 못했던
낱낱이 풀어져 버린 그녀와 나의 운명

밀양, 돌이킬 수 없는

다시 몸 구부려 가는* 외로운 길
무수한 근심을 어깨에 짊어지고
산자락 닳도록 우는 포크레인 만난다

내 땅에 살고 싶다는 소박한 바램은
오로지 울분뿐인 허망한 외침이었나
등 돌려 외면해 버리는 성마른 사람들

노숙에 뻣뻣해진 몸뚱이로 저항하다
번개 맞은 피뢰침마냥 쓰러져 짓밟히는
태풍이 몰아친 밀양, 고립무원 섬이 된다

* 이만섭의 「구부러진 길」에서

새는,

퍽! 쿵! 둔각으로 아기새가 추락한다
미처 물지 못한 족보는 접어두고
어디로 가던 길인지 못내 궁금하다
별이 꼬리를 놓쳐* 길 잃어버렸는지
생이 감당할 무게 아찔하고 벅찼는지
균열이 관통한 몸은 상처를 뒤흔들어
철새마저 힘겨운 머나먼 항로였나
당기면 당길수록 닿을 수 없는 거리
희미한 그림자 하나 슬며시 얹힌다

---

* 최형심의 「아스트롤라베」에서

기도

—지율 스님

도롱뇽을 바랑에 넣어 천성산 나섭니다
억새와 수리부엉이 간간이 붙들지만
생명을 살리는 일이 주어진 사명입니다

눈 멀고 마음 멀어 보지도 않으려는
사람들의 어깃장에 혼절도 했습니다
세상을 넘어서는 일이 또 다른 수행입니다

어둠의 미로에 스스로 갇힌 修囚이 되어
끝없이 되풀이되는 간절한 기다림 속에서
천성의 작은 늪 위해 천불탑을 쌓습니다

그레질
—류기화씨

계화도 갯벌에서 시작된 먼 순례길
동진강 만경강 하구 물줄기 더듬으며
드넓은 바다를 향해 그레질을 나섰다

"갯벌이 죽어간다, 4공구를 터라"
새만금 살리려는 삼보일배 행렬에도
서늘한 물막이 소리 귓전 가득 울려 퍼지고

백합은 진흙 뻘밭 어디에도 보이지 않아
물 속 깊이 들어가다 몸만 둥둥 떠올라
솟구친 갈매기처럼 꺼억꺼억 울음 운다

소록도 박씨 할아버지

물억새 휘청거리고 재갈매기 목 놓아 울 때

스물일곱에 초연히 소록리로 들어왔습니다

당신의 그림자로부터 한 걸음 더 멀어지려

칠 년을 돌고 돌아와 눈물짓던 어머니

마을에 숨어 살다 세상을 등지던 날

밤배를 몰래 몰아서 뭍에다 묻었습니다

뭍과 섬이 하나 되어 어둠조차 풀어질 때

마음 속 준비해 둔 운동화를 꺼냅니다

배타고 울며왔던 길 닳아 뭉개진 두 발로

난장 21

흔적만을 남긴 채 삽시간에 타버렸다
자활근로대로 끌려와 평생을 부비던 집
계고장, 숨통 끊을 듯 이마 위를 노려보던

터전을 잃어버린 풀씨들의 낮은 외침
인정없는 용역들이 사정없이 휘두르고
울음을 삼키는 노을 어둠이 쓸어안는다

희귀병 앓던 만수씨 새벽 달게 삼키고
서럽던 아내 장롱을 관삼아 뒤따르니
버려진 고물상 사이로 녹슨 연대 길을 낸다

'멈춰버린 삶, 인간답게 살고 싶다'
포이동 하늘 아래 흔들리는 물대포
목숨 건 행렬을 죄는 디자인 서울, 휘청인다

그래도 봄은 온다

사이렌이 울고 있다 구럼비가 울고 있다
길은 가까이 있지만 이르기엔 멀고도 멀다
기어코 울타리 너머 진혼곡이 울려 퍼지는

발목이 저리도록 동동동 굴리다가
신의 이름으로 애닯게 간구하다
파도에 토해낸 울분 붉은 객토로 물들이고

벼리고야 일어서는 단단한 저 결기로
어둠을 빨아들인 블랙홀처럼 장엄하게
거룩한 고해를 바치는 저 생명을 보라

초점이 흐려져도 눈감아도 들리는
멀리 떨어져서 더욱 환히 보이는*
눈물이 고였던 자리, 그래도 봄은 온다

---

* 이수익의 「그리움에 기립하다」에서

4

댕기머리물떼새

허공을 내지르다
파도를 튕겨보다
쉼없이 자맥질하는 바다를 포위하다
해풍에 휘감겨오는 낯선 어둠에 귀를 연다

발자국이 되돌아온
수척한 뻘 사이로
묻혀 있던 꿈들이 간절한 기도가 되고
눈자위 붉어진 자리, 비상구를 탈출한다

봄, 산수유

진회색빛 음영이 서서히 흩어진다
스쳐 가던 바람도 종일을 흘리고서
설레임 한 가득 안고 노란 꽃눈 웃고 있다

우듬지 그 끝에서 기다림은 눈물이고
상처는 꽃이라며 어깨를 감싸주던
내 맘 속 별이 된 그대 햇살같이 빛난다

달콤한 말 속삭여줄 좋이 좋을 봄날에
오랫동안 간직했던 첫 기억의 편린들이
꽃으로 떨어져 내린다 세상이 참 환하다

복수초

눈 아침에 붉힌 귓불
물가를 서성이다

봄빛은 멀리 두고
물빛으로 눈을 뜬다

얼음꽃, 뾰족한 촉수로
길을 내는 고운 자취

냉이꽃

목마른
계절 넘어
구불텅 고개 넘어

명지바람
부는대로
코숭이도 흔들며

저 햇살
가벼운 들판에
한 줌 밀알 쏟아낸다

끈질긴
뿌리로
하얗게 앓는 슬픔

땅심을
딛고 서서
초록을 밀어낸다

어머니
생인손 같이
부르튼 4월의 봄

수세미외

세 겹 능선 도발하다 지상으로 내려온 햇귀 양동마을 옛집 담벼락 타고올라 잔기침 시달리던 봄날 욜랑욜랑 따돌린다

촘촘한 그늘에 쌓여 있던 시간들이 묵언으로 비워두었던 문장을 기다리다 鳥道의 숲으로 들어 비밀한 촉 만든다

별들이 빛날 때 뿌리는 내리고 덩굴손 이파리 따라 선연한 콘트라스트 씨방이 부푸는 길목 달이 가득 차오른다

모감주

우듬지 끝 촘촘한 별
투명한 낙화 뒤로

산그늘 깊이 품어
까만 염주 빚어냈다

망사빛 사연은 묻고
건너가는 저 등불

맨드라미

너의
고백에
불같이
타올랐다
태양을
바라보며
영원을
맹세했지만
아픔은
선명한 자국
붉게붉게
남긴다

감꽃

알싸한 그리움으로
옛 기억을 더듬는다
어머니는 품앗이 가고
텅 빈 집에 혼자 남아
봉당에 떨어진 슬픔
차곡차곡 실에 꿰던

노랑앉은부채꽃

눈덩이를
녹이고
솟아오른
불염포

숨겨둔
도깨비방망이
차르르
밀어올리니

개골창
지나던 토깽이
슬며시
베어문다

복숭아

봄볕에 주근깨가 덕지덕지 늘어붙고
표정없는 사람들의 무관심한 눈길에
휘파람 소리 들어도 까심한 마음자리

촐랑촐랑 가웃대는 살구빛의 꽃신기루
풋내 단 그리움 싣고 하늘 폴폴 날다가
깡마른 어깨 너머로 별이 되어 쏟아진다

홍열이 시작된 발그레한 볼우물에
첫사랑 설레임이 파르르 떨려오고
수피에 붉어진 실핏줄 봄꿈이 짙어간다

풀꽃에게

어디에서도
그리운 이름
불러본 적
없다
홀로
흔들리며
똑똑
꺾이는 슬픔
간이역,
스친 자리 마다
아득해지는
저 허공

조각자나무

짙푸른 초록 속에 가시를 품었습니다
생살을 도려내는 아픔 뒤로 하고
고름진 인생의 더께 또 한 꺼풀 벗겨냅니다

우거진 수풀림에 외따로이 붉습니다
인고의 세월 품고 어혈진 몸 풀어주는
톡톡톡 생명의 숨소리 무수히 들립니다

동백

다랑쉬오름
보이지 않는
넋들의 침묵

아우성치듯 몰아치듯
단말마 그 뒤엉킴

피어도,
피지도 못한
자취도 없는 장두

구월

한 겹 투명한 하늘이 열리는 소리
눈부신 햇살 조각 은어의 강 건너는 소리
순금빛 설레임 안고 숨 고르는 소리
마른 옥수수 이파리 서걱이는 소리
방아깨비 한 마리 땅을 가르는 소리
말갛게 씻기운 접시꽃 그림자 지는 소리

단풍

가슴 깊이 묻어두었던
초록빛 사연을 접고

한 줌 햇살 내려와
너도 단풍나무라네

빨갛게
태우고 지지며
앓아 가는 마흔 해

5

몽유도원도

한낮의 단잠으로 사모하던 여인 만나
황홀경에 젖어들던 백제 개로왕 여경
깨보니 손에 잡힐 듯 두 눈 빛나고 있네

온 나라 방을 내려 되찾은 꿈의 여인
한 지아비 섬기는 마한족 후예였네
억지로 생이별시켜 떼어놓은 마음밭

지극 사랑 하늘이 도와 다시 만난 원앙새
피리 불고 춤추며 한 평생 떠돌다가
하늘로 거룻배 타고 가네 이승의 연도 끊고

묵매도

단 두 번 만남에도
밤 깊은 줄 모르고
술잔을 기울이다
그림 속에 들었다가
달무리
따라서 도는
묵향에 흠뻑 취해

푸르른 댓잎처럼
서슬퍼런 기개보다
맑은 모습 비추는
매화 꽃잎 벙글어
가난한
시름도 훨훨
잔설의 가지 끝에

계정에서

고요히 흐르는 정적을 감아 들고
흙벽담 사이로 길을 낸 달빛 계정
청정한 물소리 훑으며 메마른 귀 씻는다

핏빛 음모 회오리치는 굴레를 걸어 나와
심연에 젖어들어 깊어진 맑은 사유
벼랑 끝 오르내리는 적송처럼 푸르던

불그레 주엽나무 바람꽃에 흔들리며
얕은 그늘 찾아서 제 어둠 묻던 시간
나이테 되감기는 아픔 세월을 물들인다

푸레독 옹기장이

이른 봄 박해의 회오리가 불었다
겁에 질린 눈망울로 산 속에 숨어들어
열다섯 어린 나이에 물레를 돌렸다

잘려진 꿈들은 조각조각 빚어내고
천삼백 도 장작불에 사흘 밤 다 태워
생명의 눈뜨는 푸레독, 울음 삼킨 환희였다

납옹기 파동으로 상처가 된 매운 눈빛
먹물보다 진했던 시름의 강을 건너
불가마 순례의 길로 항해의 돛 올렸다

신이 준 삶의 굴레 외롭고 고단했던 길
투박한 항아리 가득 화안한 달빛 담아
두고 온 고향의 맛 내는 소망 이루었다

눈물꽃

쉼없이 출렁대는 마음 한 자락 붙들고
난간에 선 희미한 기억 너머 또 외줄기
스물둘 길 밖의 세상 외로운 독주였다

소녀의 꿈 둘레엔 감물 든 상처만 자라
편의점 앞 밑둥치엔 그늘이 커져갔다
그리운 할머니 생각 날개는 죄 꺾이고

하루치 밥을 벌고 남겨놓은 발자국에
추락한 생마저도 위로받지 못한 울림
휘영청 밝은 달 아래 눈물꽃 떨고 있다

조길방에서

긴 내력 쥚어지고 난리를 피했다가
몇 십 리 헤매이다 당도한 산꼭대기
피 울음 흥건히 쏟은 핏줄 같은 길 하나

메마른 땅 가득가득 거친 숨결 들쉬어
겨우내 일구어낸 손금만한 목숨줄 있어
처연한 저녁노을에 도리깨를 걸치고

뿌리째 흔들린 삶 억겁을 한 자리에서
울컥울컥 치미는 분노 마음 꾹꾹 다지고
한 시대 지켜온 몸이 다둑이며 살아온

허공중을 헤매이던 삶의 무늬 조각지어
경문 먹인 칠칠한 밤에 하늘 귀 열어놓고
오늘도 새벽을 털며 산 속으로 길 낸다

파계사에서

아홉 개의 길을 지닌 물줄기를 지키고자
큰스님, 주장자 끝에 붙잡아둔 북극성을
날 새면 산새가 울어 산문 밖에 풀어주었다

그리움 길어올리는 감로수로 입을 게우며
내 안의 나를 찾아 몸부림치는 이 순간
희디흰 연꽃 한 송이 원통전을 받들고

비어서 더욱 가득한 고요의 자취마다
먹물보다 어두운 세상 물소리로 길을 내면
상수리 굵은 열매가 툭하고 入寂에 든다

이별 이야기 1

1
틀리면 틀리는대로
흔들리면 흔들리는대로
그 이름이라서 족했다 멀대같은 사람아

불안이 팽팽할수록 불면으로 새웠던 밤

너덜했던 추억과 밀려드는 후회로

외로움이 실비처럼
주루룩 흘러내려
빽빽한 수풀림에서 길을 잃은 사람아

2
노면을 울리며 오는 불명의 소리에
정지된 시간은 그대로 화석이 되어
사막을 건너려다가 신기루에 머문 사람아

이별 이야기 2

바람에 흔들리던 살구꽃 떨어지자
수런대던 입과 입 두통으로 번지고
무심한 작별의 인사 하늘도 외면한다

수화기 너머로 전해지던 따뜻한 안부
만나진 못해도 마음 깊이 스며들어
서둘러 떠나간 자리 화인처럼 뚜렷하다

꽃 피울 날 남겨두고 시간은 멈춰 버려
허기진 강을 건너 허공에 뜬 개밥바라기
혀끝에 맴도는 말, 말 달무리에 진다

그녀의 세상은 없다

그녀를 짓누르던 숨소리가 잦아든다

뜨겁게 흐르던 피는 진즉에 가라앉아

한 방울 삼키지 못해 하얗게 말라가는

꽃잎이 떨어진 뒤 낮밤이 정지되어

눈빛만이 살아있는 세상을 읽어낸다

천국과 지옥 사이 꿈처럼 드나들어도

창문 밖 정류장에선 오후가 지나가고

저마다 종착역으로 분주히 움직이지만

한 생이 기울고 있는 그녀의 세상은 없다

그대라는 이름

그대라는 이름 있어
송곳니 환히 드러내던

절망의 순간에도 한 아름 피어나는

한 번도
내뱉지 못한
떨리는 고백이다

그대라는 이름으로
눈물 가득 머금었던

수많은 밤새고 새도 닳지 않는 내 사랑은

함부로
찢을 수 없는
길고 긴 연서이다

이팝꽃 할머니

한 생이 와르르 풀린 이팝꽃 할머니
60년을 에돌아와 낡은 필름 되돌린다
지워진 이름 부르며 마디마디 울음 에이는

쓸쓸함이 묻어 오는 가난한 길의 흔적
오래 묵힌 상처가 부표처럼 떠오르고
해독이 어려운 만장 단풍으로 눕는다

만인시인선 54
소수언어박물관

초판 인쇄 2014년 9월 20일
초판 발행 2014년 9월 25일

지은이 / 조 금 숙
펴낸이 / 박 진 환

펴낸 곳 / 만인사
출판등록 / 1996년 4월 20일 제03-01-306호
주소 / 700-813 대구광역시 중구 명륜로 116
전화 / (053)422-0550
팩스 / (053)426-9543
전자우편 / maninsa@hanmail.net
홈페이지 / www.maninsa.co.kr

ISBN 978-89-6349-068-7 03810

값 8,000원

* 이 도서의 국립중앙도서관 출판시도서목록(CIP)은 서지정보유통지원시스템 홈페이지(http://seoji.nl.go.kr)와 국가자료공동목록시스템(http://www.nl.go.kr/kolisnet)에서 이용하실 수 있습니다(CIP제어번호 : CIP2014027281).